Spanish
Elementary

By
Cynthia Downs

Cover Design by
Annette Hollister-Papp

Illustrations by
Peter Lochner

Publisher
Carson-Dellosa Publishing Company, Inc.
Greensboro, North Carolina

Credits

Author .... Cynthia Downs
Artist... Peter Lochner
Cover Design .... Annette Hollister-Papp
Cover Photograph....................................© 1999 Corbis Corp.
Project Director/Editor ....Kelly Morris Huxmann
Spanish Consultants .... Language for Industry Worldwide, Inc.
                                                     and Jessica Orme
Graphic Design and Layout ....Mark Conrad

This book has been correlated to state, national, and Canadian provincial standards. Visit *www.carsondellosa.com* to search for and view its correlations to your standards.

ISBN 0-88724-757-1

Table of Contents

Introducción / Introduction

A second language such as Spanish can be learned in much the same way that a person learns his or her primary language as a baby. The key is to surround the learner with the target language. An environment of Spanish is easy to create in the classroom and will allow learners to acquire vocabulary and a fluency of language with ease. Talking about the calendar and classroom objects, performing set routines such as roll call and asking permission to do things, and holding structured conversations in Spanish are all natural tools for teaching students the language.

There are some fun and simple ways to get your students speaking Spanish right from the start. One idea is to use Spanish names. Letting your students choose Spanish names for themselves is a fun way to introduce Spanish culture; it is also a great way to develop proper pronunciation. Each time a child calls a classmate by her Spanish name, that child practices Spanish pronunciation. The child can later apply this knowledge as she encounters new vocabulary.

Another way to surround your students (literally) with Spanish is to label the classroom with Spanish word cards. Using the vocabulary on page 11, make word cards to place on all the familiar objects in the room. A pencil becomes  *el lápiz*, a book *el libro*, the wall *la pared*, a chair *la silla*, and so forth. These cards can also be used in other ways, including sorting and matching activities. Another idea is to take down all the cards and have the children put them back in place, without looking at the English translations on the back.

Creating a Spanish word wall is another great way to reinforce Spanish vocabulary. Each time a new word is introduced, add it to the word wall. This will make it easy for the children to use the words in their own written and oral work. Create flash cards for each unit as well. Use the flash card pattern on page 120 (or index cards) and vocabulary lists in this book to make the cards. Then laminate them for durability. The children can use these cards to drill each other or themselves, or you could add them to a Spanish literacy center in the classroom.

Try to use the Spanish language as much as possible during your "Spanish time." Otherwise, the children will want to listen to the English rather than stretch to follow the Spanish. It is fine to give more complex directions in English for beginners, but as they (and even you as the teacher) grow more proficient, add as much Spanish as you can. Use body language and other cues to help the children understand. The varied activities in this book offer a range of learning opportunities for young learners. It is very important to use all the modalities in your classroom. Listening, reading, writing, talking, and, perhaps most importantly, DOing are all key to learning a language. The main thing is for you and your students to have fun and to enjoy the experience of discovering another language and culture. It is okay to make mistakes and for the children to "catch" you making one. What a fun way for them to learn! So jump in and have fun! Have a few fiestas, roll up some tortillas, and make some tamales or tacos. You are already ahead of the game.

Nombres en español / Spanish Names

The list below contains some common Spanish names and their English equivalents. Feel free to add other names that you or your students know as well. Encourage each student to choose a Spanish name for himself. It may be a Spanish equivalent for the child's own name or an entirely different name—leave it up to each child to decide. Use the names during your Spanish instruction time, for morning roll call, or even throughout the day if desired. Young learners will enjoy using their new identities in class. Have the children make name tags for their desks in order to help them learn each other's new names quickly.

Boys' Names

Alejandro ....*Alexander*	Juan ....*John*	Pablo ....*Paul*
Daniel.........*Daniel*	Luis ....*Louie/Louis*	Pedro..........*Peter*
Enrique ....*Henry*	Marcos ....*Mark*	Ricardo ....*Richard*
Guillermo ....*William*	Mateo.........*Matthew*	Roberto ......*Robert*
Jorge ....*George*	Miguel ....*Michael*	Samuel ....*Samuel*
José ....*Joseph*	Óscar..........*Oscar*	Tomás ....*Thomas*

Other names:

Girls' Names

Alicia ....*Alice*	Cristina.......*Christina*	Mónica ....*Monica*
Ana.............*Ann*	Elisa ....*Elizabeth*	Patricia ....*Patricia*
Beatriz........*Beatrice*	Juanita........*Jane*	Rosa...........*Rose*
Carmen.......*Carmen*	Laura..........*Lora or Laura*	Susana ....*Suzanne*
Carolina ......*Carolyn*	María..........*Mary*	Teresa ....*Theresa*
Catarina......*Kathryn*	Marta ....*Martha*	Verónica......*Veronica*

Other names:

El alfabeto / The Alphabet

Say the words out loud as you write out each sound of the Spanish alphabet.

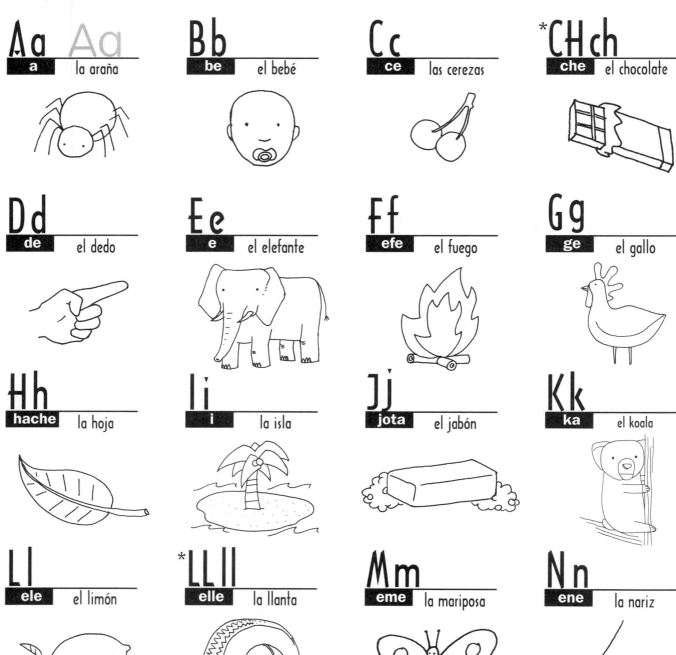

Aa Aa
a — la araña

Bb
be — el bebé

Cc
ce — las cerezas

*CHch
che — el chocolate

Dd
de — el dedo

Ee
e — el elefante

Ff
efe — el fuego

Gg
ge — el gallo

Hh
hache — la hoja

Ii
i — la isla

Jj
jota — el jabón

Kk
ka — el koala

Ll
ele — el limón

*LLll
elle — la llanta

Mm
eme — la mariposa

Nn
ene — la nariz

El alfabeto / The Alphabet

Ññ `eñe` el ñu

Oo `o` el ocho

Pp `pe` el papalote

Qq `cu` el queso

Rr `ere` la rama

** -rr `erre` el perro

Ss `ese` el siete

Tt `te` el tiburón

Uu `u` las uvas

Vv `ve` el violín

Ww `doble ve` los wafles

Xx `equis` el xilófono

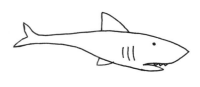

Yy `i griega` el yo-yo

Zz `zeta` el zorro

* The letter combinations "ch" and "ll" are traditionally considered part of the Spanish alphabet.

** The combination "rr" is not always considered a separate letter, but it is a unique sound in Spanish.

Una conversación / A Conversation

Escribe las palabras en español.
Write the words in Spanish.

¡Buenos días!   Good morning!

¿Cómo está?   (formal) How are you?

¡Buenas tardes!   Good afternoon!

¿Cómo estás?   (informal) How are you?

¡Buenas noches!   Good night!

¡Muy bien!   Very well!

No muy bien.   Not very well.

Una conversación / A Conversation

Escribe las palabras en español.
Write the words in Spanish.

¿Por favor?   Please?

¡Qué lástima!   How sad!

¡Gracias!   Thank you!

Perdone.   Excuse me.

De nada.   You're welcome.

Lo siento.   I'm sorry.

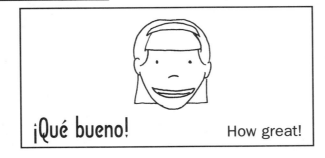

¡Qué bueno!   How great!

En la escuela / At School

Follow along as the teacher reads the story. Circle the Spanish words.
Can you tell what they mean in the story?

"Buenos días," said el maestro. "Bienvenidos to school. We are going to speak español. ¿Cómo están?"

The class answered, "Muy bien, gracias. ¿Y usted?"

El maestro said, "Muy bien."

Escribe las palabras en español.
Write the words in Spanish.

Good morning _____

Spanish _____

Very well_____

And you? _____

Welcome _____

Teacher_____

How are you all?_____

Thank you _____

Objetos de la clase / Classroom Objects

Create labels to place on objects in your own classroom. You will need large, unlined index cards, preferably 5" x 8" (13 x 20 cm). Write the Spanish word on one side and the English translation on the other.

el alfabeto ....alphabet

el altavoz ....loudspeaker

la bandera ....flag

el bolígrafo ....pen

el borrador..............eraser

la calculadora ....calculator

el calendario ....calendar

la cartelera ....bulletin board

la cinta ....tape

la computadora ....computer

el crayón ....crayon

la grapadora...........stapler

la lámpara ....lamp

el lápiz ....pencil

el libro ....book

la luz ....light (overhead)

el mapa ....map

la mesa.................table

el papel ....paper

la papelera.............wastepaper basket

la pared..............wall

el pegamento.......glue

el pincel ....paintbrush

la pintura...........paint

el piso...............floor

el pizarrón ....chalkboard

la puerta ....door

el pupitre...........desk

la regla ....ruler

el reloj...............clock

el sacapuntas ....pencil sharpener

la silla ....chair

las tijeras...........scissors

la tiza...............chalk

la ventana..........window

Objetos de la clase / Classroom Objects

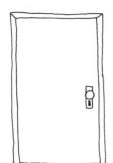

Escribe las palabras en español.
Write the words in Spanish.

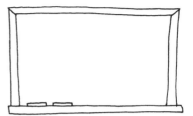

_____   _____

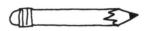

_____   _____

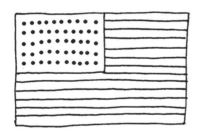

_____   _____

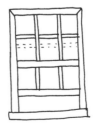

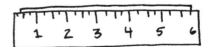

_____   _____

Objetos de la clase / Classroom Objects

Escribe las palabras en español.
Write the words in Spanish.

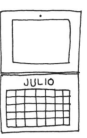

_____

_____

_____

_____

_____

_____

_____

_____

El calendario / The Calendar

Keeping a monthly calendar is a great way to help develop vocabulary. Each day, repeat the day, month, and season in Spanish. Count the days orally, review the weather, and, as the year progresses, discuss appropriate clothing, holidays, birthdays, and upcoming events.

At the beginning of each month, make a calendar for each student. Use the pattern found on page 16 or create your own. Before making copies for the students, be sure to fill in any information you would like to include for them. Then let the children complete their own calendars by filling in the name of the month and other items. You may also want to add weekly activities to the calendar, tailored to the skills of your students. Some of these activities may include the following:

asamblea (assembly)
excursión (field trip)
estudiante del mes (student of the month)
día festivo (holiday)
tiempo libre (free time)
biblioteca (library)
computadoras (computers)
prueba (test)
el cumpleaños de <u>child's name</u> (child's birthday)

Photocopy the patterns on pages 14 and 15 to make cards to practice naming today, tomorrow, and yesterday. Enlarge the cards, if desired, and laminate for write-on/wipe-off use. Tape to the board and have students write in the correct days at the beginning of each class.

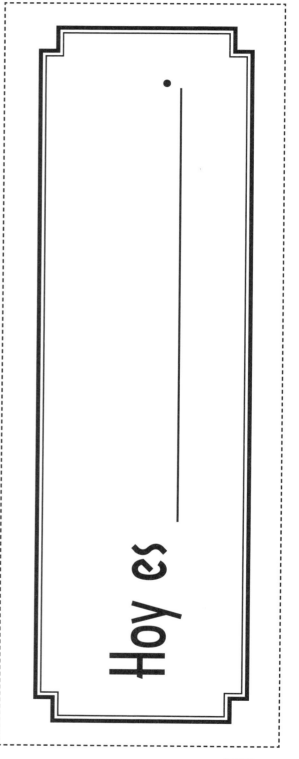

Hoy es

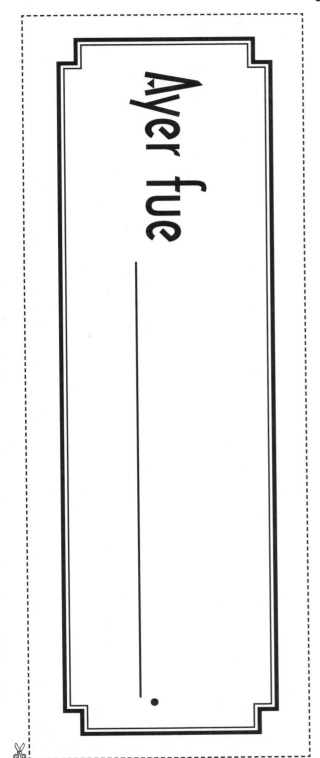

Ayer fue
_____.

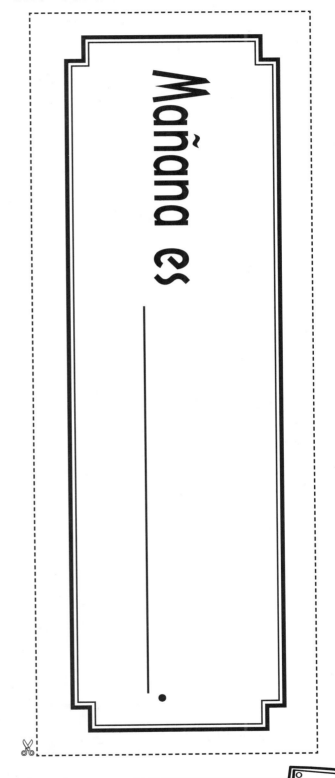

Mañana es
_____.

Los días de la semana / Days of the Week

Escribe los días correctos en español.
Write the correct days in Spanish.

Hoy es . . .	Mañana es . . .
miércoles	_____
sábado	_____
viernes	_____
domingo	_____
martes	_____
lunes	_____
jueves	_____

Los días de la semana / Days of the Week

Escribe los días correctos en español.
Write the correct days in Spanish.

Hoy es . . .	Ayer fue . . .
jueves	_____
sábado	_____
martes	_____
domingo	_____
lunes	_____
miércoles	_____
viernes	_____

Los días de la semana / Days of the Week

Match the Spanish days with the English days.

miércoles	Thursday
sábado	Monday
viernes	Sunday
lunes	Saturday
jueves	Friday
martes	Tuesday
domingo	Wednesday

Write the days of the week in order, beginning with *lunes*.
Remember: The days of the week in Spanish are not capitalized!

_____ , _____ , _____ ,

_____ , _____ ,

_____

La información básica / Basic Information

Fill in the blanks with the help of your teacher.

Me llamo _____.
My name is

Tengo _____ años.   **Tengo** _____ hermanos y hermanas.
I am   years old.   I have   brothers and sisters.

La dirección de mi casa es _____

My address is

_____

Mi número de teléfono es _____
My telephone number is

Mi escuela se llama _____
My school is named

Mi maestro(a) se llama _____
My teacher's name is

Ask questions to find out more about your classmates.

¿Cómo te llamas?   ¿Cuál es tu dirección?

¿Cuántos años tienes?   ¿Cuál es tu número de teléfono?

¿Cuántos hermanos y hermanas tienes?

Los números / Numbers

Escribe los números en español.
Write the numbers in Spanish.

0 _____ cero

5 _____ cinco

1 _____ uno

6 _____ seis

2 _____ dos

7 _____ siete

3 _____ tres

8 _____ ocho

4 _____ cuatro

9 _____ nueve

10 _____ diez

Tengo diez dedos.
I have ten fingers.

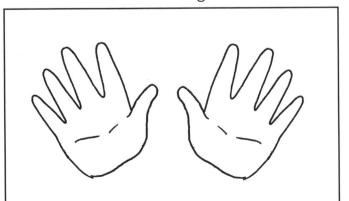

Tengo diez dedos de los pies.
I have ten toes.

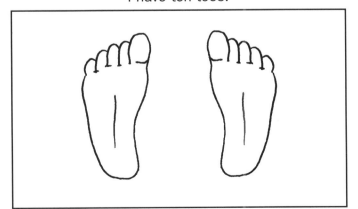

Los números / Numbers

Escribe los números en español.
Write the numbers in Spanish.

11 _____ once

12 _____ doce

13 _____ trece

14 _____ catorce

15 _____ quince

16 _____ dieciséis

17 _____ diecisiete

18 _____ dieciocho

19 _____ diecinueve

20 _____ veinte

21 _____ veintiuno

22 _____ veintidós

23 _____ veintitrés

24 _____ veinticuatro

25 _____ veinticinco

26 _____ veintiséis

27 _____ veintisiete

28 _____ veintiocho

29 _____ veintinueve

30 _____ treinta

Los números / Numbers

Escribe los números en español.
Write the numbers in Spanish.

10 diez	**11** once
20 veinte	**22** veintidós
30 treinta	**33** treinta y tres
40 cuarenta	**44** cuarenta y cuatro
50 cincuenta	**55** cincuenta y cinco
60 sesenta	**66** sesenta y seis
70 setenta	**77** setenta y siete
80 ochenta	**88** ochenta y ocho
90 noventa	**99** noventa y nueve
100 cien	**101** ciento uno

Los números / Numbers

Escribe los números en español.
Write the numbers in Spanish.

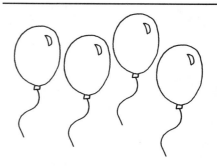

Los colores / Colors

Escribe los colores en español.
Write the colors in Spanish.

rojo red		**anaranjado** orange	
azul blue		**rosado** pink	
amarillo yellow		**café** brown	
verde green		**negro** black	
morado purple		**blanco** white	

Colorea el dibujo.
Color the picture.

¿Cuántas flores hay?
How many flowers are there? _____

Los colores / Colors

Haz un dibujo de algo . . .
Draw a picture of something . . .

negro	café
blanco	morado
rojo	amarillo
anaranjado	azul
verde	rosado

¿De qué color es? / What Color Is It?

Escribe los colores correctos en español.
Write the correct colors in Spanish.

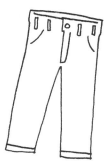

amarillo
rojo
anaranjado
rosado
morado
café
verde
azul
blanco
negro

Repaso / Review

Colorea el dibujo usando la clave.
Color the picture using the key.

cero	=	azul
uno	=	verde
dos	=	anaranjado
tres	=	rosado
cuatro	=	morado
cinco	=	rojo
seis	=	amarillo

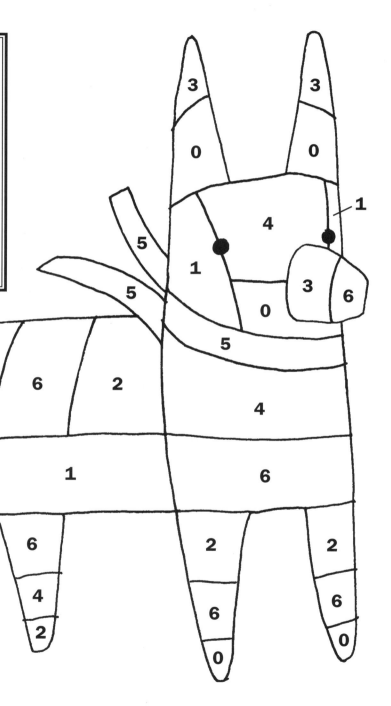

un libro rojo
a red book

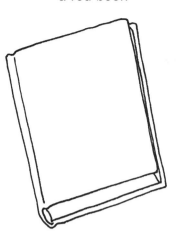

_____

8

Mi libro de la clase y de los colores

My Class and Color Book

Escrito por:

_____

1

un autobús amarillo
a yellow bus

_____

_____

6

un pizarrón verde
a green chalkboard

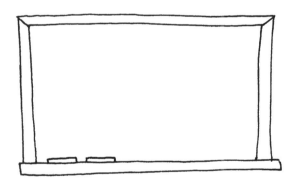

_____

_____

3

Directions: Cut pages 29 and 30 along the dashed lines. Fold along the solid lines. Put the pages in order and staple in the center. Color each object and write the Spanish phrase.

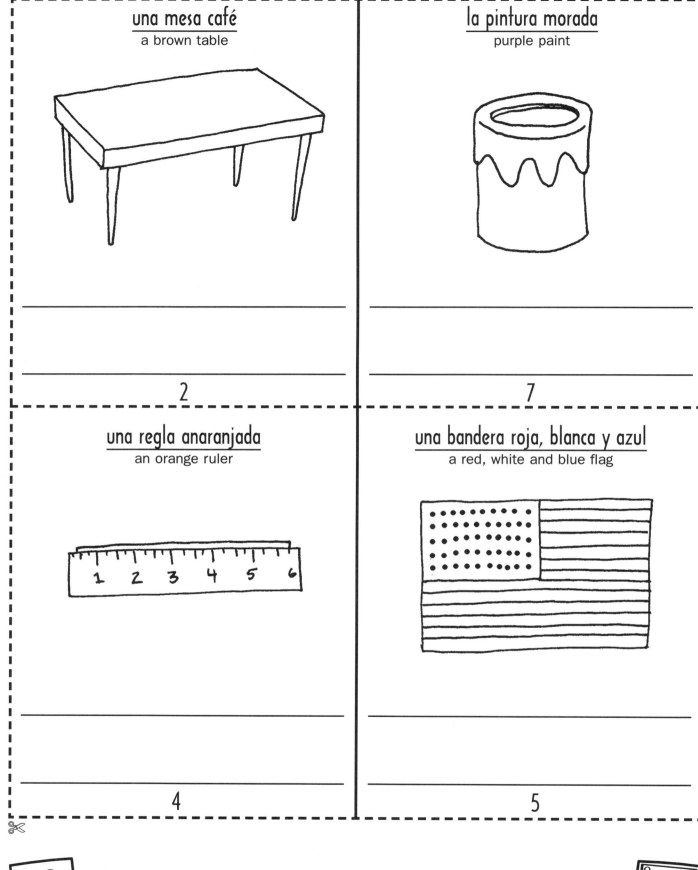

una mesa café
a brown table

_____

_____

2

la pintura morada
purple paint

_____

_____

7

una regla anaranjada
an orange ruler

_____

_____

4

una bandera roja, blanca y azul
a red, white and blue flag

_____

_____

5

Nombre

En la clase / In the Classroom

Follow along as the teacher reads the story. Circle the Spanish words.
Can you tell what they mean in the story?

One day, Mrs. White, la maestra, opened la puerta so that los estudiantes could come in.
"Hace calor," said Susie. "May we open la ventana?"
La maestra said, "Yes, hace calor. Open la ventana and la puerta."
"That's better," said Susie.
Los estudiantes agreed. "No hace calor now."

Traza una línea entre las palabras en español y las palabras en inglés.
Draw a line between the Spanish words and the English words.

la maestra   the door

la puerta   it's not hot

los estudiantes   the window

hace calor   it's hot

la ventana   the teacher

no hace calor   the students

El tiempo / The Weather

Escribe las frases en español.
Write the phrases in Spanish.

_____

hace mucho calor   it's hot

_____

hace calor   it's warm

_____

hace fresco   it's cool

_____

hace frío   it's cold

_____

hace sol   it's sunny

_____

hace viento   it's windy

El tiempo / The Weather

Traza una línea entre el dibujo y la frase correcta.

Draw a line from the picture to the correct phrase.

hace calor

hace viento

hace fresco

hace mucho calor

hace frío

hace sol

Los meses del año / Months of the Year

Escribe los meses en español.
Write the months in Spanish.

enero   January

_____

abril   April

_____

febrero   February

_____

mayo   May

_____

marzo   March

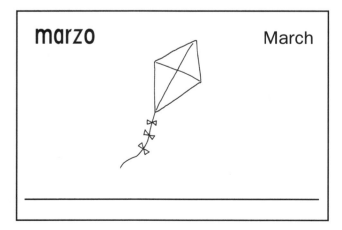

_____

junio   June

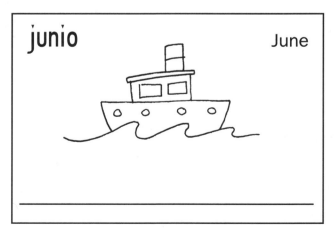

_____

* In Spanish, the names of months are NOT capitalized.

Los meses del año / Months of the Year

Escribe los meses en español.
Write the months in Spanish.

julio 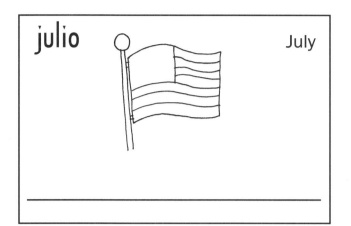 July

_____

octubre 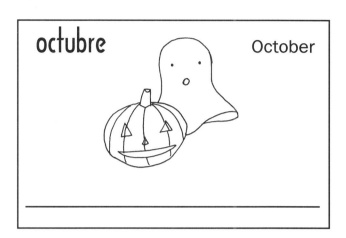 October

_____

agosto  August

_____

noviembre  November

_____

septiembre  September

_____

diciembre  December

_____

* In Spanish, the names of months are NOT capitalized.

Las estaciones / The Seasons

Escribe los nombres de las estaciones en español.
Write the names of the seasons in Spanish.

el invierno — winter

_____

la primavera — spring

_____

el verano — summer

_____

el otoño — fall

_____

Repaso / Review

¿Cuántas estaciones hay?
How many seasons are there?

[ ]

Escribe las estaciones.
Write the seasons.

1. _____

2. _____

3. _____

4. _____

¿Cuántos meses hay?
How many months are there?

[ ]

Escribe los meses en orden.
Write the months in order.

1. _____

2. _____

3. _____

4. _____

5. _____

6. _____

7. _____

8. _____

9. _____

10. _____

11. _____

12. _____

La familia / The Family

Escribe las palabras en español.
Write the words in Spanish.

la madre

mother

el padre

father

el hijo

son

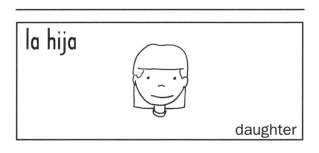

la hija

daughter

la abuela

grandmother

el abuelo

grandfather

el hermano

brother

la hermana

sister

La familia / The Family

Escribe las palabras en español.
Write the words in Spanish.

el tío

uncle

la tía

aunt

la prima
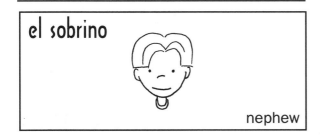
cousin

el primo

cousin

el sobrino

nephew

la sobrina
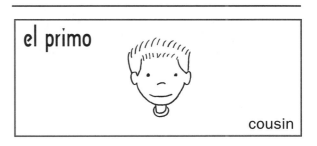
niece

el bebé

baby

el adulto
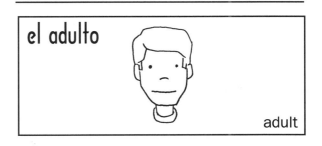
adult

El árbol genealógico / The Family Tree

How are the people related to Raúl?
Cut and paste the pictures in the correct place on Raúl's family tree.

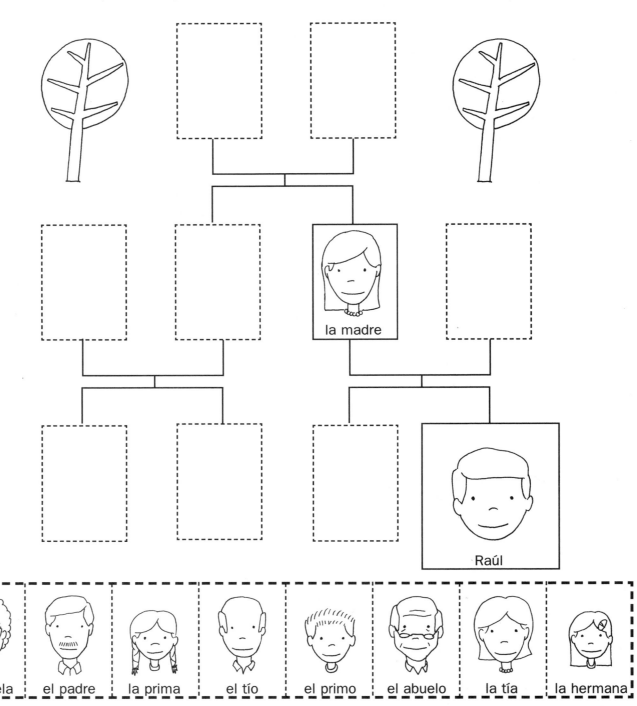

la madre

Raúl

la abuela | el padre | la prima | el tío | el primo | el abuelo | la tía | la hermana

Mi familia / My Family

Haz un dibujo de tu familia.

Draw a picture of your family.

Label each person to show how he or she is related to you.

La casa / The Home

Escribe las palabras en español.
Write the words in Spanish.

la sala

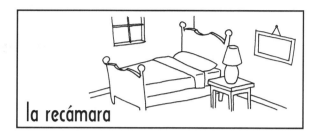

la recámara

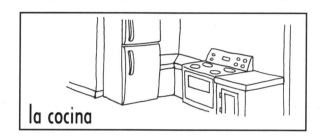

la cocina

el comedor

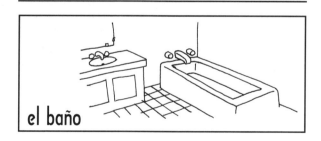

el baño

el garaje

una casa de un piso

una casa de dos pisos

La casa / The Home

Escribe las palabras en español.
Write the words in Spanish.

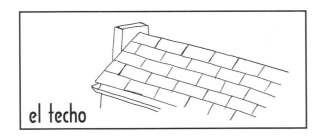

el techo

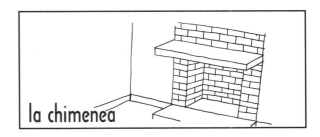

la chimenea

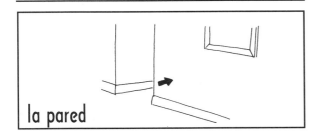

la pared

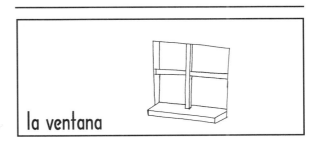

la ventana

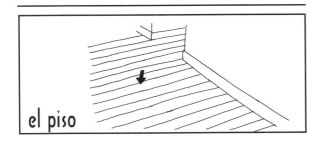

el piso

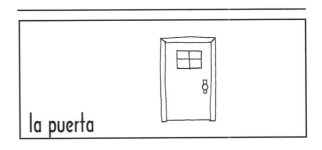

la puerta

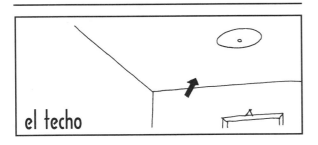

el techo

el porche

La sala / The Living Room

Escribe las palabras en español.
Write the words in Spanish.

el sofá   la lámpara   las cortinas

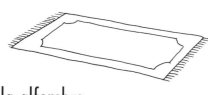

la alfombra   el sillón   el televisor

Encuentra las palabras en español.
Find the Spanish words.

```
U  G  I  C  O  R  T  I  N  A  S  B
K  S  D  H  V  Z  E  A  S  J  I  A
R  O  A  L  F  O  M  B  R  A  L  H
N  F  U  J  M  A  S  C  U  G  L  M
Y  A  K  T  E  L  E  V  I  S  O  R
L  A  M  P  A  R  A  B  J  X  N  E
```

La recámara / The Bedroom

Escribe las palabras en español.
Write the words in Spanish.

la cama

la almohada

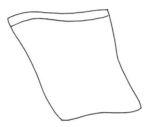

la sábana

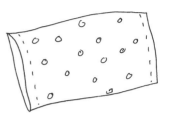

el ropero

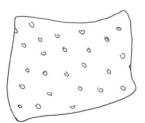

el cubrecama

la cómoda

el teléfono

el radio

Mi recámara / My Bedroom

Follow along as the teacher reads the story. Circle the Spanish words.
Can you tell what they mean in the story?

I have a very special casa. In my house, I have my own recámara with my own cama. Next to my cama, I have a small lámpara on the mesa so I can read libros before me duermo. I have to remember to turn off la lámpara or it will be on when me despierto.

Escribe las palabras en español.
Write the words in Spanish.

house _____

bedroom _____

bed _____

lamp _____

table _____

books _____

I go to sleep _____

I wake up _____

La cocina / The Kitchen

Escribe las palabras en español.
Write the words in Spanish.

el vaso

la cuchara

_____

el plato

el cuchillo

_____

_____

la taza

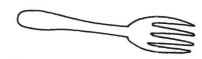

el tenedor

_____

_____

el tazón

la sartén

_____

_____

La cocina y el lavadero / The Kitchen and Laundry

Escribe las palabras en español.
Write the words in Spanish.

la estufa

el refrigerador

_____

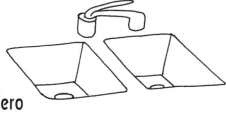

el fregadero

la llave

_____

el lavaplatos

el gabinete

_____

la lavadora

la secadora

_____

El comedor / The Dining Room

Escribe las palabras en español.
Write the words in Spanish.

la mesa

la silla

_____

_____

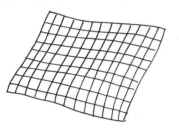

el mantel

la servilleta

_____

_____

los trastes

la platería

_____

_____

Ordena las letras de manera que formen las palabras en español.
Rearrange the letters to spell the Spanish words.

t e m a l n _____   s e t r s a t _____

s e m a _____   r a p t e l a í _____

En la mesa / At the Table

Escribe las palabras en español.
Write the words in Spanish.

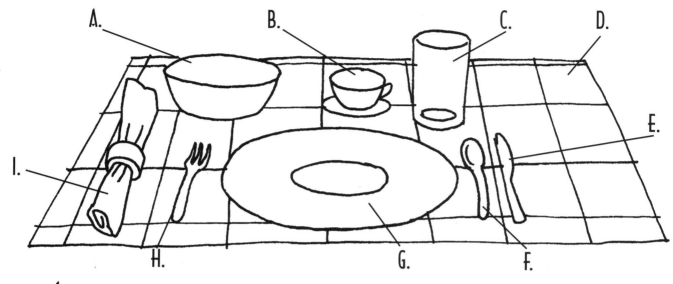

A. _____

B. _____

C. _____

D. _____

E. _____

F. _____

G. _____

H. _____

I. _____

el cuchillo
la servilleta
la taza
la cuchara
el plato
el tazón
el vaso
el tenedor
el mantel

¿Cuántos hay? / How Many Are There?

Escribe las frases en español.
Write the phrases in Spanish.

4 pillows

cuatro almohadas

1 couch

_____

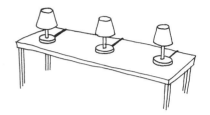

3 lamps

_____

2 doors

6 chairs

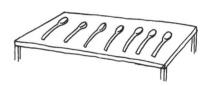

7 spoons

5 windows

_____

un(o)	ventanas
dos	sillas
tres	lámparas
~~cuatro~~	cucharas
cinco	puertas
seis	sofá
siete	~~almohadas~~

El baño / The Bathroom

Escribe las palabras en español.
Write the words in Spanish.

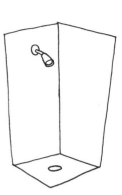

la bañera

la ducha

el espejo

el lavamanos

el jabón
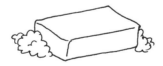

el champú
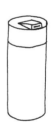

la toalla

el papel higiénico

En mi baño / In My Bathroom

Follow along as the teacher reads the story. Circle the Spanish words.
Can you tell what they mean in the story?

I do many things en mi baño. When me levanto, me visto and then hago la cama. En mi baño, me peino my hair with el cepillo, then limpio my teeth with el cepillo de dientes and la pasta de dientes. Me lavo my hands and face and run down the stairs to breakfast.

Traza una línea entre las palabras en español y las palabras en inglés.

Draw a line between the Spanish words and the English words.

en mi baño	I get up
el cepillo	toothbrush
hago la cama	toothpaste
me levanto	I make the bed
el cepillo de dientes	I clean
limpio	I comb
me lavo	I get dressed
la pasta de dientes	in my bathroom
me visto	I wash
me peino	hairbrush

Nombre _____

Repaso / Review

Escribe la letra de cada cosa en el cuarto correcto.
Write the letter of each object in the correct room.

la sala

A. el sofá
B. el gabinete
C. la estufa
D. la ducha
E. la lámpara
F. la cómoda
G. el lavaplatos
H. la almohada
I. la bañera
J. el sillón
K. la cama
L. el espejo
M. la sábana
N. la toalla
O. la sartén
P. el televisor

la recámara

la cocina

el baño

El garaje / The Garage

Escribe las palabras en español.
Write the words in Spanish.

el martillo

el serrucho

_____

los clavos

la llave

_____

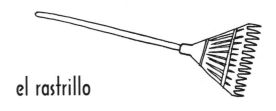

el desarmador

el rastrillo

_____

los tornillos

la pala

_____

El garaje / The Garage

Escribe las palabras en español.
Write the words in Spanish.

el carro

la segadora

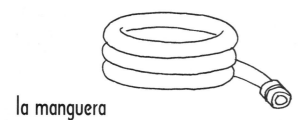

la manguera

la llanta

Pon las cosas juntas.
Put the matching items together.

la manguera	los tornillos
el carro	la llanta
la segadora	el pasto (grass)
el serrucho	los clavos
el martillo	la madera (wood)
el desarmador	el agua (water)

El patio / The Yard

Pon tu dedo en el objeto cuando estás leyendo cada palabra. Escribe la palabra.
Put your finger on the object as you read each word. Write the word.

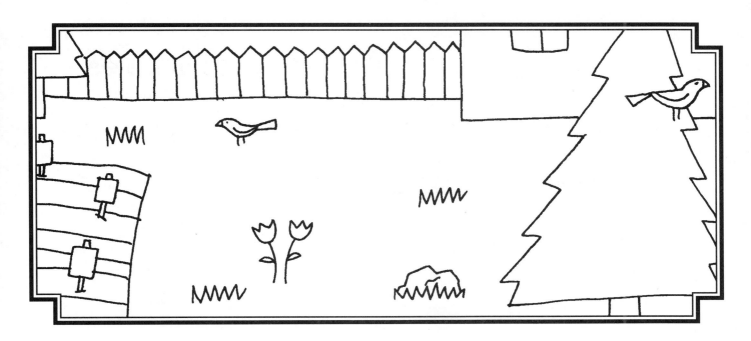

las flores (flowers) _____

el jardín (garden)_____

los árboles (trees)_____

la roca (rock) _____

el pasto (grass) _____

la cerca (fence) _____

los pájaros (birds)_____

El patio / The Yard

<u>Llena los espacios.</u>
Fill in the spaces.

1. **Los** _____ have lots of green leaves.

2. There is a squirrel sitting on **la** _____.

3. See **los** _____ fly?

4. **La** _____ is hard.

5. **El** _____ is filled with vegetables.

6. I can smell **las** _____.

7. **El** _____ is green.

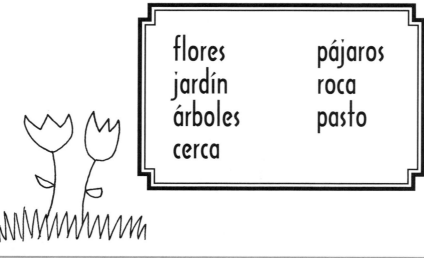

flores	pájaros
jardín	roca
árboles	pasto
cerca	

Mi casa ideal

My Ideal Home

Escrito por:_____

Esta es mi casa ideal.

1

Esta es la cocina.

_____

_____

_____

_____

_____

3 _____

Directions: Cut pages 59–62 along the dashed lines. Draw and color each part of the house.
Write the Spanish words for the things you draw. Staple the pages in order.

Esta es la sala.

_____

_____

_____

_____

_____

_____

2

Este es el baño.

_____

_____

_____

_____

_____

_____

4

Este es el comedor.

_____

_____

_____

_____

_____

_____

5

Este es el garaje.

_____

_____

_____

_____

_____

_____

7

Esta es mi recámara.

_____

_____

_____

_____

_____

_____

6

Este es el patio.

_____

_____

_____

_____

_____

_____

8

Repaso / Review

Escribe la letra que está faltando.
Write the letter that is missing.

el p☐ato

la cuc☐ara

el te☐edor

el cuc☐illo

el vas☐

la ta☐a

la ☐artén

el taz☐n

el m☐ntel

la ser☐illeta

la ☐ecadora

la es☐ufa

el lavap☐atos

el televiso☐

la m☐sa

la re☐ámara

el ☐adio

el ba☐o

el teléfon☐

la la☐adora

Las frutas / Fruits

Escribe las palabras en español. Traza un círculo alrededor de tu favorita.
Write the words in Spanish. Circle your favorite.

la manzana

apple

_____

el plátano

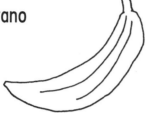

banana

_____

la pera

pear

_____

la naranja

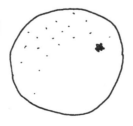

orange

_____

el limón

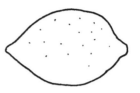

lemon

_____

la fresa

strawberry

_____

las cerezas

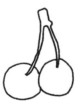

cherries

_____

las uvas

grapes

_____

Las frutas favoritas / Favorite Fruits

Tally up the students' favorite fruits from page 64. Write the results on the board. Have each child color her favorite fruit and cut out the picture, writing her name on the back. Then use the pictures to make a picture graph of the class favorites.

Draw a graph on the chalkboard, allowing one column per fruit. Give the children each a piece of tape and have them put their fruits in the correct columns. Then review the information shown on the graph, asking questions such as "How many students chose apples as their favorite fruits? What fruit was chosen the most? What fruit was chosen the least?"

To simplify the activity, have the children decide by a show of hands which four fruits are their favorites. Then construct a graph showing only those four fruits.

Las frutas favoritas

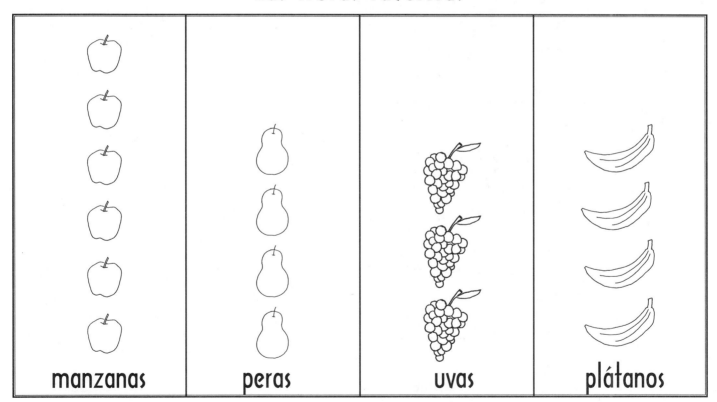

| manzanas | peras | uvas | plátanos |

Los vegetales / Vegetables

Escribe las palabras en español.
Write the words in Spanish.

la zanahoria

carrot

_____

el apio

celery

_____

la lechuga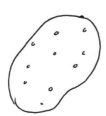

lettuce

_____

los guisantes

peas

_____

el tomate

tomato

_____

el maíz

corn

_____

la papa

potato

_____

el brócoli

broccoli

_____

¿Qué es? / What Is It?

Traza un círculo alrededor de la palabra correcta.
Circle the correct word.

	la naranja	la manzana
	las uvas	los guisantes
	el plátano	la lechuga
	la papa	la pera
	el apio	el limón
	la zanahoria	la manzana

¿Qué te gusta más? / What Do You Prefer?

Escribe tu respuesta en el espacio.
Write your answer in the space.

1. ¿Qué te gusta más: **el brócoli** o **el maíz**? ___el brócoli___

2. ¿Qué te gustan más: **las manzanas** o **las naranjas**? _____

3. ¿Qué te gustan más: **las cerezas** o **las uvas**? _____

4. ¿Qué te gustan más: **las zanahorias** o **los tomates**? _____

5. ¿Qué te gustan más: **los plátanos** o **las fresas**? _____

6. ¿Qué te gustan más: **los guisantes** o **las papas**? _____

7. ¿Qué te gusta más: **el maíz** o **el apio**? _____

Dibuja tus favoritas.
Draw your favorites.

Los productos lácteos / Dairy Products

Escribe las palabras en español.
Write the words in Spanish.

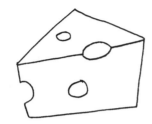

el queso

el helado

el yogur

_____ _____ _____

la leche

la mantequilla

_____   _____

Encuentra las palabras en español.
Find the Spanish words.

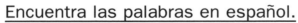

```
y  j  g  d  r  o  z  k  a  q  c
b  u  i  u  l  x  y  o  g  u  r
q  h  p  s  e  k  e  b  h  e  w
i  t  y  o  c  r  v  j  l  s  i
w  o  a  m  h  e  l  a  d  o  k
m  a  n  t  e  q  u  i  l  l  a
```

Las carnes y las proteínas / Meats and Proteins

Escribe las palabras en español.
Write the words in Spanish.

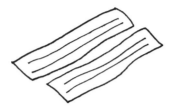

el tocino

_____

el pollo

_____

la carne

_____

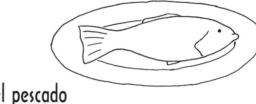

el pescado

_____

los huevos

_____

los frijoles

_____

el jamón

_____

los frutos secos

_____

Los panes y los cereales / Breads and Cereals

Escribe las palabras en español.
Write the words in Spanish.

el pan

el bizcocho

_____

_____

la galleta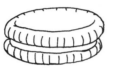

el pastel

_____

_____

la galleta de sal

el arroz

_____

_____

la tortilla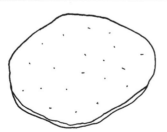

el cereal

_____

_____

En el restaurante / In the Restaurant

Follow along as the teacher reads the story. Circle the Spanish words.
Can you tell what they mean in the story?

I like to go to el restaurante for dinner. Mi madre likes to go because she no tiene que cocinar. Mi padre doesn't like to spend el dinero. Me gusta to eat different comida. I eat carne, vegetales, and ensalada. If I eat all my cena, I can have helado and galletas for el postre.

Escribe el español que corresponde al el inglés.
Write the Spanish that corresponds with the English.

1 _____
vegetables

2 _____
dinner

3 _____
my mother

4 _____
my father

5 _____
ice cream

6 _____
cookies

7 _____
the restaurant

8 _____
meat

9 _____
money

10 _____
food

11 _____
salad

12 _____
dessert

13 _____
doesn't have to cook

14 _____
I like

La comida especial / Special Food

Escribe las palabras en español.
Write the words in Spanish.

la hamburguesa

la soda

_____

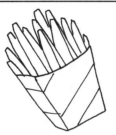

las papas fritas

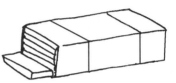

el chicle

_____

el sándwich

el café

_____

el perro caliente

el dulce

_____

Nombre

Las comidas / Meals

Escribe las palabras en español.
Write the words in Spanish.

el desayuno breakfast

el almuerzo lunch

la merienda snack

la cena dinner

Mi libro de la comida

My Book of Food

Escrito por: _____

1

El almuerzo

_____   _____

_____   _____

_____ 3 _____

El desayuno

_____   _____

_____   _____

_____ 2 _____

La cena

_____   _____

_____   _____

_____ 4 _____

La merienda

_____ _____

_____ _____

_____ 5 _____

Días de fiesta

_____ _____

_____ _____

_____ 7 _____

Las frutas y los vegetales

_____   _____

_____   _____

_____ 6 _____

Mis comidas favoritas

_____   _____

_____   _____

_____ 8 _____

La comida / Food

Tacha la comida que no va con las otras.
Cross out the food that does not belong with the others.

El desayuno

El almuerzo

La merienda

La cena

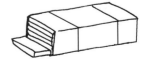
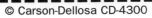

Las partes del cuerpo / Parts of the Body

Aprende las partes del cuerpo humano.
Learn the parts of the human body.

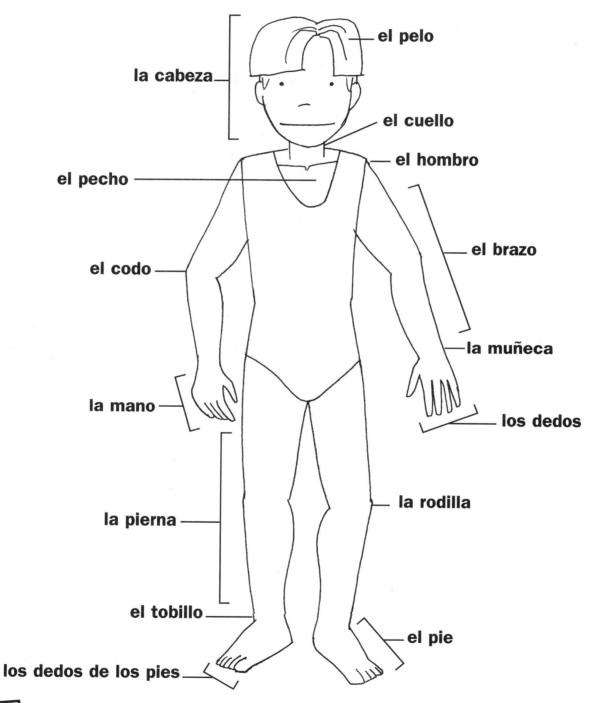

el pelo

la cabeza

el cuello

el hombro

el pecho

el brazo

el codo

la muñeca

la mano

los dedos

la rodilla

la pierna

el tobillo

el pie

los dedos de los pies

Las partes del cuerpo / Parts of the Body

Escribe cada letra al lado del dibujo correcto.
Write each letter next to the correct picture.

 _____
 _____
 _____
 _____

 _____
 _____
 _____
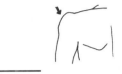 _____

 _____
 _____
 _____

 _____
 _____
 _____

A. el pelo	F. el brazo	K. la rodilla
B. la cabeza	G. la pierna	L. los dedos de los pies
C. el tobillo	H. el codo	M. el pecho
D. el cuello	I. el hombro	N. la muñeca
E. la mano	J. el pie	

La cara / The Face

Aprende las partes de la cara.
Learn the parts of the face.

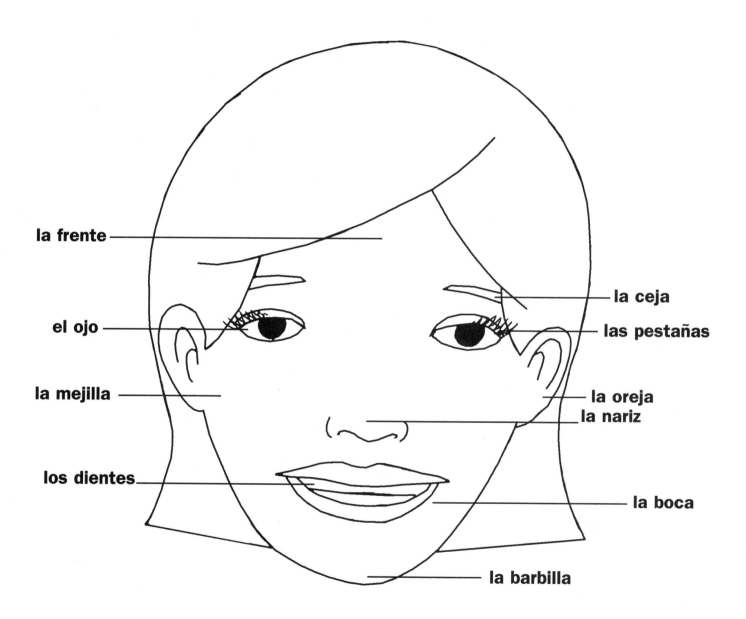

la frente

la ceja

las pestañas

el ojo

la mejilla

la oreja
la nariz

los dientes

la boca

la barbilla

La cara / The Face

Escribe las palabras correctas.
Write the correct words.

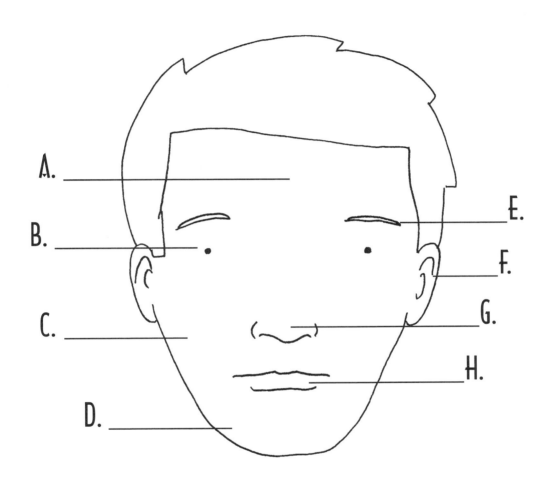

A. _____

B. _____

E. _____

F. _____

G. _____

H. _____

C. _____

D. _____

A. _____

B. _____

C. _____

D. _____

E. _____

F. _____

G. _____

H. _____

Sigue las instrucciones / Follow the Directions

Escribe las palabras correctas en español.
Write the correct words in Spanish.

manos	dedo	boca
pie	orejas	nariz
pelo	ojos	dedos de los pies

1. Comb your _____.

2. Touch your _____.

3. Stand on one_____.

4. Point with your _____.

5. Clap your _____.

6. Listen with your_____.

7. Talk with your_____.

8. See with your _____.

9. Smell with your _____.

Una máscara / A Mask

Usa las formas para dibujar una máscara.
Use the shapes to draw a mask.

el círculo ◯　　　el triángulo △　　　el corazón ♡　　　el cuadrado ▢

el rectángulo ▭　　　el óvalo ⬭　　　el diamante ◇　　　la estrella ☆

1. Draw a big, round **óvalo**.
2. Add **una nariz** the shape of **un triángulo**.
3. Make **la boca** the shape of **un corazón**.
4. Add a hat shaped like **un cuadrado**.
5. Draw two **círculos** for **los ojos**.
6. Draw two **rectángulos** for **las cejas**.
7. Add two **orejas** shaped like **diamantes**.
8. Add **una estrella** to **la mejilla**.

La ropa / Clothes

Escribe las palabras en español.
Write the Spanish words.

la falda

la blusa

el vestido

_____

_____

_____

la camisa

los pantalones

la corbata

_____

_____

_____

el cinturón

los zapatos

los calcetines

_____

_____

_____

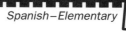

La ropa / Clothes

Escribe las palabras en español.
Write the words in Spanish.

la gorra

la cachucha

el sombrero

_____

_____

_____

los tenis

las sandalias

las botas

_____

_____

_____

los mitones

los guantes

el anillo

_____

_____

_____

La ropa / Clothes

Listen to the teacher read the story. Find the Spanish words.
Can you tell what they mean in the story?

"Hurry up," said mamá. "The autobús will be here soon, and you are not ready for la escuela."
"No sé what to wear. My vestido favorito is dirty."
Mom said, "You'll have to wear pantalones. Hace frío."
Sarita yelled, "Should I wear my chaqueta or my suéter?"
Mom answered, "La chaqueta, los mitones and una gorra because hace mucho frío."

<u>Traza una línea entre las palabras en español y las palabras en inglés.</u>
Draw a line between the Spanish and English words.

mamá	pants
autobús	it's very cold
la escuela	mittens
no sé	mom
una gorra	bus
pantalones	a hat
hace frío	school
suéter	jacket
la chaqueta	I don't know
los mitones	favorite dress
vestido favorito	it's cold
hace mucho frío	sweater

La ropa / Clothes

Dibuja tu conjunto favorito. Escribe las palabras en español para la ropa.

Draw your favorite outfit. Write the Spanish words for the clothes.

la chaqueta	jacket	los jeans	jeans
el suéter	sweater	la camiseta	T-shirt
el chaleco	vest	el overol	overalls
los shorts	shorts		

El transporte / Transportation

Escribe las palabras en español.
Write the words in Spanish.

la bicicleta

el camión

_____

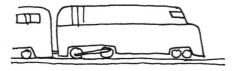

el tren

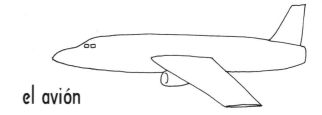

el autobús

_____

el helicóptero

el avión

_____

el carro

el barco

_____

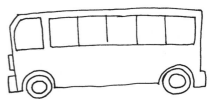

La ciudad / The City

Escribe las palabras en español.
Write the words in Spanish.

los edificios

las personas

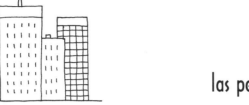

las casas

las tiendas

los autobuses

el tráfico

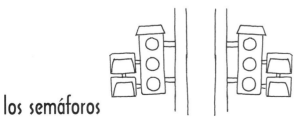

los semáforos

la policía

El campo / The Country

Escribe las palabras en español.
Write the words in Spanish.

el granjero

_____

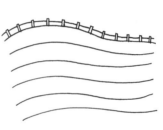

el establo

_____

la granja

_____

el campo

_____

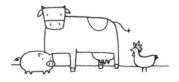

los animales

_____

las estrellas

_____

el tractor

_____

la luna

_____

La ciudad y el campo / The City and the Country

Traza una línea entre las palabras en español y las palabras en inglés.

Draw a line between the Spanish and English words.

las personas	the police
la ciudad	fields
la granja	the city
la luna	buildings
las casas	people
el campo	the country
los animales	traffic lights
la policía	the moon
los edificios	farm
los semáforos	houses
el granjero	farmer
los campos	animals

Nombre_____

La ciudad y el campo / The City and the Country

Escribe cada palabra en la caja correcta.
Write each word in the correct box.

los edificios	los establos	los campos
las granjas	los tractors	el tráfico
los animales	los semáforos	los granjeros
las tiendas	los autobuses	los cines (movie theaters)

La ciudad

_____
_____
_____
_____
_____

El campo

_____
_____
_____
_____
_____

Animales de la granja / **Farm Animals**

Escribe las palabras en español.
Write the words in Spanish.

la vaca

_____

la gallina

_____

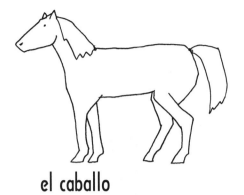

el caballo

_____

el borrego

_____

el pavo

_____

el perro

_____

el puerco

_____

el gato

_____

la cabra

_____

Los animalitos / Little Animals

Escribe las palabras en español.
Write the words in Spanish.

el pollito

_____

el gatito

el cordero

_____

_____

el patito

_____

el perrito

_____

el cabrito

_____

¿Quién es el bebé?
Who is the baby?

la gallina	_____
el pato	_____
el gato	_____

el perro	_____
el borrego	_____
la cabra	_____

Animales del Amazonas / Animals of the Amazon

Escribe las palabras en español.
Write the words in Spanish.

el mono

el jaguar

_____

el tucán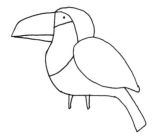

la piraña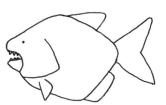

_____

el cocodrilo

la tarántula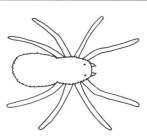

_____

la rana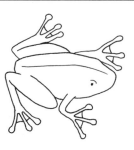

el perezoso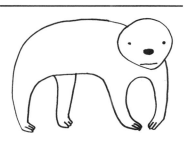

_____

Animales del bosque / Forest Animals

Escribe las palabras en español.
Write the words in Spanish.

el venado

_____

la víbora

_____

el conejo

_____

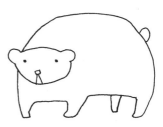

el oso

_____

la ardilla

_____

el puerco espín

_____

el castor

_____

el ratón

_____

Animales del mar / Sea Animals

Escribe las palabras en español.
Write the words in Spanish.

la foca

_____

la ballena

_____

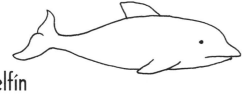

el delfín

_____

el tiburón

_____

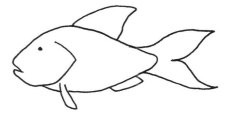

el pez

_____

el caballito de mar

_____

el cangrejo

_____

la estrella de mar

_____

Los animales / Animals

Escribe el nombre de cada animal en la caja correcta.
Write the name of each animal in the correct box.

el tiburón	la ballena	la foca
la piraña	la ardilla	la estrella de mar
el ratón	el tucán	el mono
el castor	el oso	el jaguar

el bosque	el Amazonas	el mar

¿Quién soy yo? / Who Am I?

Escribe el nombre de cada animal.
Write the name of each animal.

_____

_____

_____

_____

_____

_____

_____

_____

| el perro | el caballo | el puerco | el elefante |
| el pájaro | el conejo | la vaca | el pez |

Los insectos / Bugs

Escribe las palabras en español.
Write the words in Spanish.

la mosca

la oruga

_____

la mariposa

la abeja

_____

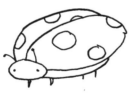

la mariquita

el gusano

_____

la araña

la hormiga

_____

Mi libro de los animales
My Book of Animals

Connect the dots.

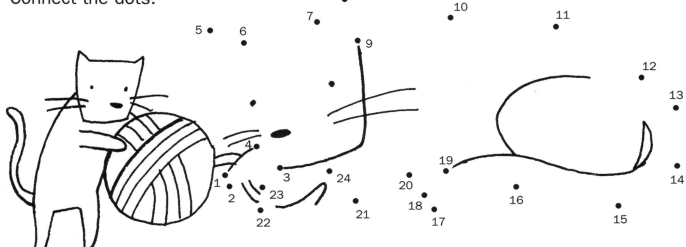

What animals do you see? 1. _____

①

2. _____

Write the Spanish animal names to complete the puzzle.

Across

2. rabbit

5. chick

7. bear

8. spider

Down

1. dog

3. whale

4. snake

6. frog

③

Match the animals to their Spanish names.

el borrego

la tarántula

el perezoso

la ardilla

la foca

el ratón

el cangrejo

la mosca

②

Find and color the 8 animals hidden in the picture.
Write their Spanish names on the lines below.

_____   _____   _____   _____

④

_____   _____   _____   _____

Find and circle the animal names hidden in the puzzle.

vaca
castor
mono
pez
puerco
delfín
gatito
venado
puerco espín
cordero
tiburón
cocodrilo

```
m a r w k e h e c o c o d r i l o
o c j u m a p d s h x n e u m p g
n o p t i b u r o n r s l q c b a
o r e i g c e m y i a k f l a g t
x d s p u e r c o e s p i n s y i
p e z j v a c a d z b y n o t u t
i r d a l h o s i g k e r c o h o
b o c f y v e n a d o s x o r b p
```

⑤

Name four animals you would find in the city. Write their names in Spanish.
Name four animals you would find in the country. Write their names in Spanish.

_____

_____

_____

_____

_____

_____

_____

_____

⑦

Help the monkey choose the right vine to get to the bananas.

What is "monkey" in Spanish?   What is "banana" in Spanish?

_____ ⑥ _____

Follow the directions to complete the picture.

1. Draw a **vaca**
   in the barn.
   Color it **café**.

2. Draw a **patito**
   in the pond.
   Color it **amarillo**.

3. Draw a **puerco**
   next to the pond.
   Color it **rosado**.

4. Draw a **gato**
   on the fence.
   Color it **anaranjado**.

⑧

Las comparaciones / Comparisons

Escribe las frases en español. Traza un círculo alrededor del dibujo correcto.
Write the Spanish phrases. Circle the correct picture.

el más chiquito (smallest)

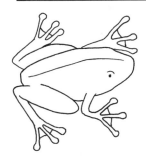

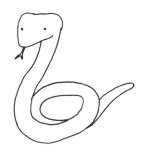

el mediano (medium-sized)

el más grande (largest)

Los sitios / Places

Escribe las palabras en español.
Write the words in Spanish.

el mar

_____

la ciudad

_____

las montañas

_____

el campo

_____

el desierto

_____

el bosque

_____

la playa

_____

la jungla

_____

Nombre_____

¡Encuentra el animal! / Find the Animal!

Traza una línea entre cada animal y el sitio donde él vive.
Draw a line between each animal and the place where it lives.

el mar	el oso
las montañas	el venado
el desierto	el borrego
la playa	el mono
la ciudad	la ballena
el campo	la víbora
el bosque	la concha (shell)
la jungla	el perro

Haz un dibujo de tu animal favorito.
Draw a picture of your favorite animal.

Repaso / Review

Cross out the word in each row that does not belong.
On the blank, write another word that fits with the other two.

1. verde   doce   cuatro   _____

2. el sofá   el sillón   el elefante   _____

3. lunes   enero   miércoles   _____

4. azul   morado   ocho   _____

5. la sala   la mesa   la cocina   _____

6. el círculo   el óvalo   el conejo   _____

7. el campo   el avión   el helicóptero   _____

8. el cuchillo   el tenedor   el corazón   _____

9. la gorra   el ojo   la nariz   _____

10. la foca   la ballena   la víbora   _____

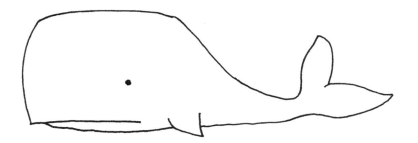

Conceptos de espacio / Spatial Concepts

Sigue las instrucciones.
Follow the directions.

1. Pon un triángulo al lado del vaso.

2. Pon un cuadrado adentro de la caja.

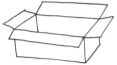

3. Pon un corazón sobre la cuchara.

4. Pon un rectángulo en frente del florero.

5. Pon un círculo atrás de la casa.

6. Pon una estrella encima de la planta.

7. Pon un triángulo abajo del perro.

al lado de — next to	**adentro de** — in/inside	**atrás de** — behind
en frente de — in front of	**sobre** — on top of	**encima de** — over
	abajo de — below/under	

(No) me gusta . . . / I (Don't) Like . . .

Escribe oraciones usando las palabras de la izquierda.
Write sentences using the words on the left.

| **escribir** |
| to write |
| **dibujar** |
| to draw |
| **cantar** |
| to sing |
| **reir** |
| to laugh |
| **jugar** |
| to play |
| **comer** |
| to eat |
| **dormir** |
| to sleep |
| **hablar** |
| to talk |
| **colorear** |
| to color |
| **viajar** |
| to travel |
| **leer** |
| to read |
| **bailar** |
| to dance |

Me gusta escribir.

No me gusta cantar.

Yo tengo . . . / I Have . . .

Escribe oraciones completas usando los números, los colores y otras palabras.
Write complete sentences using numbers, colors and other words.

Note: Adjectives follow nouns in Spanish, so the color words come after the nouns.

Yo tengo _____ plátanos _____ .
I have   number   color

Yo tengo _____ perros _____ .
I have   number   color

Yo tengo _____ manzanas _____ .
I have   number   color

_____ ojos _____ .
              I have   color

_____ .
              I have   word   color

_____ .
              I have   word   color

Describe el dibujo / Describe the Picture

Escribe oraciones completas para describir el dibujo.
Write complete sentences to describe the picture.

Por ejemplo: Hay tres flores.
(*hay* = there is/are)

For example: There are three flowers.

Vocabulario / Vocabulary

Use the lists of vocabulary and the flash card pattern on page 120
to make flash cards as desired for each unit.

Una conversación	**A conversation**
¡Buenos días!	Good morning!
¡Buenas tardes!	Good afternoon!
¡Buenas noches!	Good evening!
¿Cómo está(s)?	How are you?
muy bien	very well
no muy bien	not very well
¡Qué bueno!	How good!
¡Qué lástima!	How sad!
Lo siento.	I'm sorry.
Perdóne	excuse me
por favor	please
gracias	thank you
de nada	you're welcome

Objetos de la clase	**Classroom objects**
el alfabeto	alphabet
el altavoz	loudspeaker
la bandera	flag
el bolígrafo	pen
el borrador	eraser
la calculadora	calculator
el calendario	calendar
la cartelera	bulletin board
la cinta	tape
la computadora	computer
el crayón	crayon
la grapadora	stapler
la lámpara	lamp
el lápiz	pencil
el libro	book
la luz	light
el mapa	map
la mesa	table
el papel	paper
la papelera	wastepaper basket
el pegamento	glue
el pincel	paintbrush
la pintura	paint
el pizarrón	chalkboard
el pupitre	desk
la regla	ruler
el reloj	clock

el sacapuntas	pencil sharpener
la silla	chair
las tijeras	scissors
la tiza	chalk

Los días de la semana	**Days of the week**
lunes	Monday
martes	Tuesday
miércoles	Wednesday
jueves	Thursday
viernes	Friday
sábado	Saturday
domingo	Sunday
hoy es . . .	today is . . .
mañana es . . .	tomorrow is . . .
ayer fue . . .	yesterday was . . .

La información basica	**Basic information**
Me llamo . . .	my name is . . .
tengo	I have
dirección	address
escuela	school
maestro/a	teacher
número de teléfono	telephone number

Los colores	**Colors**
azul	blue
amarillo	yellow
anaranjado	orange
blanco	white
café	brown
morado	purple
negro	black
rojo	red
rosado	pink
verde	green

El tiempo	**The weather**
hace mucho calor	it's hot
hace calor	it's warm
hace fresco	it's cool
hace frío	it's cold
hace sol	it's sunny
hace viento	it's windy

Vocabulario / Vocabulary

Los meses del año
enero
febrero
marzo
abril
mayo
junio
julio
agosto
septiembre
octubre
noviembre
diciembre

Months of the year
January
February
March
April
May
June
July
August
September
October
November
December

Las estaciones
el invierno
la primavera
el verano
el otoño

The seasons
winter
spring
summer
fall

La familia
la abuela
el abuelo
el adulto
el bebé
la hija
el hijo
la hermana
el hermano
la madre
el padre
la prima
el primo
la sobrina
el sobrino
la tía
el tío

Family
grandmother
grandfather
adult
baby
daughter
son
sister
brother
mother
father
cousin (female)
cousin (male)
niece
nephew
aunt
uncle

La casa
la alfombra
la almohada
la bañera
el baño
la cama
el champú
la chimenea
la cocina
el comedor
la cómoda

The home
rug
pillow
bathtub
bathroom
bed
shampoo
fireplace
kitchen
dining room
dresser

las cortinas
el cubrecama
la cuchara
el cuchillo
la ducha
el espejo
la estufa
el fregadero
el gabinete
el garaje
el jabón
la lámpara
el lavadero
la lavadora
el lavamanos
el lavaplatos
la llave
el mantel
la mesa
el papel higiénico
la pared
el patio
el piso
la platería
el plato
el porche
la puerta
el radio
la recámara
el refrigerador
el ropero
la sábana
la sala
la sartén
la secadora
la servilleta
la silla
el sillón
el sofá
la taza
el tazón
el techo
el teléfono
el televisor
el tenedor
la toalla
los trastes
el vaso
la ventana

curtains
bedspread
spoon
knife
shower
mirror
stove
kitchen sink
cabinet
garage
soap
lamp
laundry room
washer
bathroom sink
dishwasher
faucet
tablecloth
table
toilet paper
wall
yard
floor
silverware
plate
porch
door
radio
bedroom
refrigerator
closet
sheet
living room
frying pan
dryer
napkin
chair
easy chair
couch
cup
bowl
ceiling / roof
telephone
TV set
fork
towel
dishes
glass
window

Vocabulario / Vocabulary

El garaje	The garage
el carro	car
los clavos	nails
el desarmador	screwdriver
la llanta	tire
la llave	wrench
la manguera	hose
el martillo	hammer
la pala	shovel
el rastrillo	rake
la segadora	lawnmower
el serrucho	saw
los tornillos	screws

El patio	The yard
los árboles	trees
la cerca	fence
las flores	flowers
el jardín	garden
el pasto	grass
la roca	rock

Las frutas	Fruits
las cerezas	cherries
la fresa	strawberry
el limón	lemon or lime
la manzana	apple
la naranja	orange
la pera	pear
el plátano	banana
las uvas	grapes

Los vegetales	Vegetables
el apio	celery
el brócoli	broccoli
los guisantes	peas
la lechuga	lettuce
el maíz	corn
la papa	potato
el tomate	tomato
la zanahoria	carrot

Los productos lácteos	Dairy products
la leche	milk
el helado	ice cream
la mantequilla	butter
el queso	cheese
el yogur	yogurt

Las carnes y las proteínas	Meats and proteins
la carne	meat
los frijoles	beans
los frutos secos	nuts
los huevos	eggs
el jamón	ham
el pescado	fish
el pollo	chicken
el tocino	bacon

Los panes y los cereales	Bread and cereals
el arroz	rice
el bizcocho	biscuit
el cereal	cereal
la galleta	cookie
la galleta de sal	saltine cracker
el pan	bread
el pastel	cake
la tortilla	tortilla
los wafles	waffles

La comida especial	Special food
el café	coffee
el chicle	gum
el chocolate	chocolate
el dulce	candy
la hamburguesa	hamburger
las papas fritas	french fries
el perro caliente	hot dog
el sándwich	sandwich
la soda	soda

Las comidas	Meals
el desayuno	breakfast
el almuerzo	lunch
la cena	dinner
la merienda	snack

Las partes del cuerpo	Parts of the body
la barbilla	chin
la boca	mouth
el brazo	arm
la cabeza	head
la cara	face
la ceja	eyebrow
el codo	elbow
el cuello	neck
los dedos	fingers
los dedos de los pies	toes

Vocabulario / Vocabulary

los dientes	teeth
la frente	forehead
el hombro	shoulder
la mano	hand
la mejilla	cheek
la muñeca	wrist
la nariz	nose
el ojo	eye
la oreja	ear
el pecho	chest
el pelo	hair
las pestañas	eyelashes
el pie	foot
la pierna	leg
la rodilla	knee
el tobillo	ankle

Las formas — **Shapes**

el círculo	circle
el corazón	heart
el cuadrado	square
el diamante	diamond
la estrella	star
el óvalo	oval
el rectángulo	rectangle
el triángulo	triangle

La ropa — **Clothes**

el anillo	ring
la blusa	shirt
las botas	boots
la cachucha	cap
los calcetines	socks
la camisa	shirt
la camiseta	T-shirt
el chaleco	vest
la chaqueta	jacket
el cinturón	belt
la corbata	tie
la falda	skirt
la gorra	hat
los guantes	gloves
los jeans	jeans
los mitones	mittens
el overol	overalls
los pantalones	pants
las sandalias	sandals
los shorts	shorts

el sombrero	hat
el suéter	sweater
los tenis	tennis shoes
el vestido	dress
los zapatos	shoes

El transporte — **Transportation**

el autobús	bus
el avión	airplane
el barco	boat
la bicicleta	bicycle
el camión	truck
el carro	car
el helicóptero	helicopter
el tren	train

La ciudad — **The city**

los autobuses	buses
las casas	houses
los cines	movie theaters
los edificios	buildings
las personas	people
la policía	the police
los semáforos	traffic lights
las tiendas	stores
el tráfico	traffic

El campo — **The country**

los animales	animals
el campo	field
el establo	barn
las estrellas	stars
la granja	farm
el granjero	farmer
la luna	the moon
el tractor	tractor

Los animales — **Animals**

la ardilla	squirrel
la ballena	whale
el borrego	sheep
el caballo	horse
el caballito de mar	seahorse
la cabra	goat
el cabrito	kid (goat)
el cangrejo	crab
el castor	beaver
el cocodrilo	crocodile

Vocabulario / Vocabulary

el conejo	rabbit	**Las comparaciones**	**Comparisons**
el cordero	lamb	el más chiquito	the smallest
el delfín	dolphin	el mediano	medium-sized
el elefante	elephant	el más grande	the largest
la estrella de mar	starfish		
la foca	seal	**Los sitios**	**Places**
la gallina	hen	el bosque	the forest
el gallo	rooster	el campo	the country
el gatito	kitten	la ciudad	the city
el gato	cat	el desierto	the desert
el jaguar	jaguar	la jungla	the jungle
el koala	koala	el mar	the ocean
el mono	monkey	las montañas	the mountains
el ñu	gnu/wildebeest	la playa	the beach
el oso	bear		
el pájaro	bird	**Conceptos de espacio**	**Spatial concepts**
el patito	duckling	abajo de	below/under
el pavo	turkey	adentro de	in/inside
el perezoso	sloth	al lado de	next to
el perrito	puppy	atrás de	behind
el perro	dog	en frente de	in front of
el pez	fish	encima de	over
la piraña	piranha	sobre	on top of
el pollito	chick		
el puerco	pig	**Los verbos**	**Verbs**
el puerco espín	porcupine	bailar	to dance
la rana	frog	cantar	to sing
el ratón	mouse	colorear	to color
la tarántula	tarantula	comer	to eat
el tiburón	shark	dibujar	to draw
el tucán	toucan	dormir	to sleep
la vaca	cow	escribir	to write
el venado	deer	hablar	to talk
la víbora	snake	jugar	to play
el zorro	fox	leer	to read
		reir	to laugh
Los insectos	**Bugs**	viajar	to travel
la abeja	bee		
la araña	spider	**Otras palabras**	**Other words**
el gusano	worm	el fuego	fire
la hormiga	ant	la hoja	leaf
la mariposa	butterfly	la isla	island
la mariquita	ladybug	el papalote	kite
la mosca	fly	la rama	branch
la oruga	caterpillar	el violín	violin
		el xilófono	xylophone
		el yo-yo	yo-yo

Directions: Copy this page to create your own flash cards. Use the vocabulary listed on pages 115–119 or other vocabulary used in class. Laminate the cards for durability.

Answer Key

En la escuela / At School

Follow along as the teacher reads the story. Circle the Spanish words.
Can you tell what they mean in the story?

(Buenos días) said (el maestro). (Bienvenidos) to school. We
are going to speak (español). (¿Cómo están?)
The class answered, (Muy bien) (gracias). (¿Y usted?)
(El maestro) said, (Muy bien).

Escribe las palabras en español.
Write the words in Spanish.

Good morning — Buenos días

Spanish — español

Very well — muy bien

And you? — ¿Y usted?

Welcome — Bienvenidos

Teacher — el maestro

How are you all? — ¿Cómo están?

Thank you — gracias

p. 10

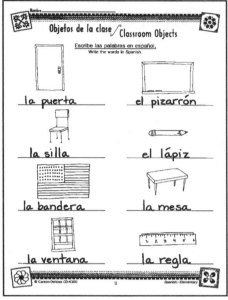

Objetos de la clase / Classroom Objects

Escribe las palabras en español.
Write the words in Spanish.

la puerta   el pizarrón

la silla   el lápiz

la bandera   la mesa

la ventana   la regla

p. 12

Objetos de la clase / Classroom Objects

Escribe las palabras en español.
Write the words in Spanish.

el libro   el calendario

el alfabeto   el pincel

el borrador   la pintura

la lámpara   las tijeras

p. 13

Los días de la semana / Days of the Week

Escribe los días correctos en español.
Write the correct days in Spanish.

Hoy es . . .   Mañana es . . .

miércoles   jueves

sábado   domingo

viernes   sábado

domingo   lunes

martes   miércoles

lunes   martes

jueves   viernes

p. 17

Los días de la semana / Days of the Week

Escribe los días correctos en español.
Write the correct days in Spanish.

Hoy es . . .   Ayer fue . . .

jueves   miércoles

sábado   viernes

martes   lunes

domingo   sábado

lunes   domingo

miércoles   martes

viernes   jueves

p. 18

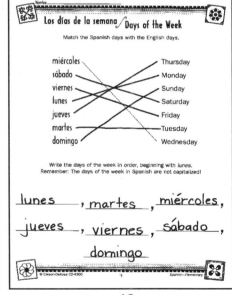

Los días de la semana / Days of the Week

Match the Spanish days with the English days.

miércoles — Wednesday
sábado — Saturday
viernes — Friday
lunes — Monday
jueves — Thursday
martes — Tuesday
domingo — Sunday

Write the days of the week in order, beginning with *lunes*.
Remember: The days of the week in Spanish are not capitalized!

lunes, martes, miércoles,
jueves, viernes, sábado,
domingo

p. 19

Answer Key

p. 24

p. 25

p. 27

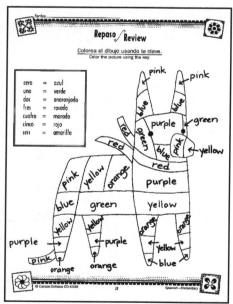

p. 28

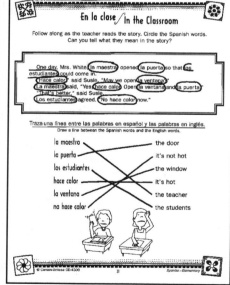

p. 31

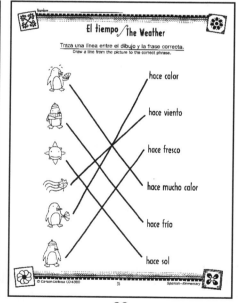

p. 33

Answer Key

p. 37

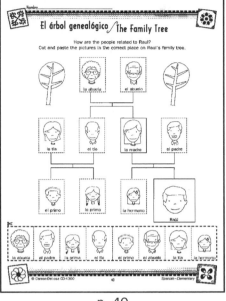

p. 40

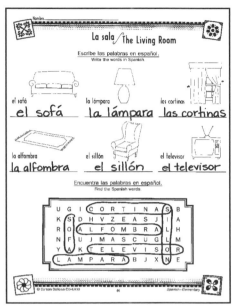

p. 44

p. 46

p. 49

p. 50

Answer Key

p. 51

¿Cuántos hay? / How Many Are There?

Escribe las frases en español.
Write the phrases in Spanish.

- 4 pillows — cuatro almohadas
- 1 couch — un sofá
- 3 lamps — tres lámparas
- 2 doors — dos puertas
- 6 chairs — seis sillas
- 7 spoons — siete cucharas
- 5 windows — cinco ventanas

un(o)	ventanas
dos	sillas
tres	lámparas
~~cuatro~~	cucharas
cinco	puertas
seis	sofá
siete	~~almohadas~~

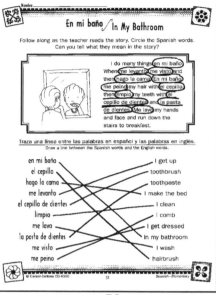

p. 53

En mi baño / In My Bathroom

Follow along as the teacher reads the story. Circle the Spanish words.
Can you tell what they mean in the story?

I do many things en mi baño. When me levanto, me visto and then hago la cama. En mi baño me peino my hair with el cepillo, then limpio my teeth with el cepillo de dientes and la pasta de dientes. Me lavo my hands and face and run down the stairs to breakfast.

Traza una línea entre las palabras en español y las palabras en inglés.
Draw a line between the Spanish words and the English words.

- en mi baño — in my bathroom
- el cepillo — hairbrush
- hago la cama — I make the bed
- me levanto — I get up
- el cepillo de dientes — toothbrush
- limpio — I clean
- me lavo — I wash
- la pasta de dientes — toothpaste
- me visto — I get dressed
- me peino — I comb

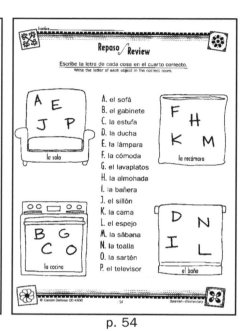

p. 54

Repaso / Review

Escribe la letra de cada cosa en el cuarto correcto.
Write the letter of each object in the correct room.

la sala — A, E, J, P
la recámara — F, H, K, M
la cocina — B, G, C, O
el baño — D, N, I, L

- A. el sofá
- B. el gabinete
- C. la estufa
- D. la ducha
- E. la lámpara
- F. la cómoda
- G. el lavaplatos
- H. la almohada
- I. la bañera
- J. el sillón
- K. la cama
- L. el espejo
- M. la sábana
- N. la toalla
- O. la sartén
- P. el televisor

p. 56

El garaje / The Garage

Escribe las palabras en español.
Write the words in Spanish.

- el carro — el carro
- la segadora — la segadora
- la manguera — la manguera
- la llanta — la llanta

Pon las cosas juntas.
Put the matching items together.

- la manguera — el agua (water)
- el carro — la llanta
- la segadora — el pasto (grass)
- el serrucho — la madera (wood)
- el martillo — los clavos
- el desarmador — los tornillos

p. 58

El patio / The Yard

Llena los espacios.
Fill in the spaces.

1. Los **árboles** have lots of green leaves.
2. There is a squirrel sitting on la **cerca**.
3. See los **pájaros** fly?
4. La **roca** is hard.
5. El **jardín** is filled with vegetables.
6. I can smell las **flores**.
7. El **pasto** is green.

flores	pájaros
jardín	roca
árboles	pasto
cerca	

p. 63

Repaso / Review

Escribe la letra que está faltando.
Write the letter that is missing.

- el p**l**ato
- la cuc**h**ara
- el te**n**edor
- el cuc**h**illo
- el va**s**o
- la ta**z**a
- la **s**artén
- el taz**ó**n
- el m**a**ntel
- la ser**v**illeta
- la **s**ecadora
- la es**t**ufa
- el lavap**l**atos
- el televiso**r**
- la m**e**sa
- la re**c**ámara
- el **r**adio
- el ba**ñ**o
- el teléfon**o**
- la la**v**adora

Answer Key

¿Qué es? / What Is It?

Traza un círculo alrededor de la palabra correcta.
Circle the correct word.

	la naranja	(la manzana)
	las uvas	(los guisantes)
	(el plátano)	la lechuga
	(la papa)	la pera
	el apio	(el limón)
	(la zanahoria)	la manzana

p. 67

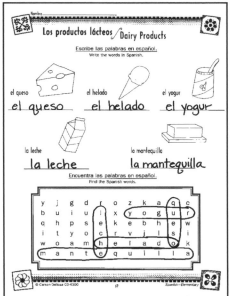

Los productos lácteos / Dairy Products

Escribe las palabras en español.
Write the words in Spanish.

el queso — **el queso**
el helado — **el helado**
el yogur — **el yogur**
la leche — **la leche**
la mantequilla — **la mantequilla**

Encuentra las palabras en español.
Find the Spanish words.

```
y j g d r o z k a q c
b u i u l x y o g u r
q h p s e k e b h e w
i t y o c r v j l s i
w o a m h e l a d o k
m a n t e q u i l l a
```

p. 69

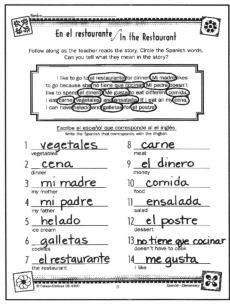

En el restaurante / In the Restaurant

Follow along as the teacher reads the story. Circle the Spanish words.
Can you tell what they mean in the story?

I like to go to el restaurante for dinner. Mi madre likes to go because she no tiene que cocinar. Mi padre doesn't like to spend el dinero. Me gusta to eat different comida. I eat carne, vegetales, and ensalada. If I eat all my cena, I can have helado and galletas for el postre.

Escribe el español que corresponde al el inglés.
Write the Spanish that corresponds with the English.

1. **vegetales** — vegetables
2. **cena** — dinner
3. **mi madre** — my mother
4. **mi padre** — my father
5. **helado** — ice cream
6. **galletas** — cookies
7. **el restaurante** — the restaurant
8. **carne** — meat
9. **el dinero** — money
10. **comida** — food
11. **ensalada** — salad
12. **el postre** — dessert
13. **no tiene que cocinar** — doesn't have to cook
14. **me gusta** — I like

p. 72

La comida / Food

Tacha la comida que no va con las otras.
Cross out the food that does not belong with the others.

El desayuno

El almuerzo

La merienda

La cena

p. 79

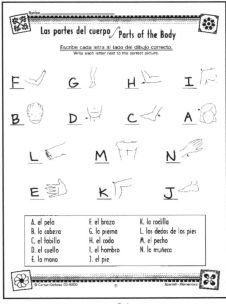

Las partes del cuerpo / Parts of the Body

Escribe cada letra al lado del dibujo correcto.
Write each letter next to the correct picture.

F G H I
B D C A
L M N
E K J

A. el pelo
B. la cabeza
C. el tobillo
D. el cuello
E. la mano
F. el brazo
G. la pierna
H. el codo
I. el hombro
J. el pie
K. la rodilla
L. los dedos de los pies
M. el pecho
N. la muñeca

p. 81

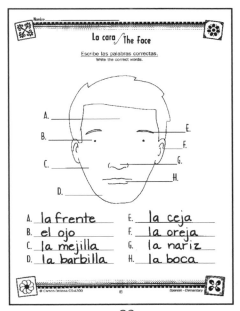

La cara / The Face

Escribe las palabras correctas.
Write the correct words.

A. **la frente** — E. **la ceja**
B. **el ojo** — F. **la oreja**
C. **la mejilla** — G. **la nariz**
D. **la barbilla** — H. **la boca**

p. 83

Answer Key

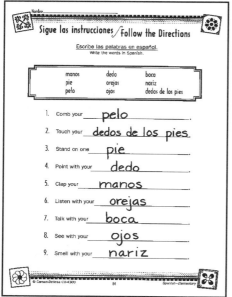

Sigue las instrucciones / Follow the Directions

Escribe las palabras en español.
Write the words in Spanish.

manos	dedo	boca
pie	orejas	nariz
pelo	ojos	dedos de los pies

1. Comb your **pelo**
2. Touch your **dedos de los pies**
3. Stand on one **pie**
4. Point with your **dedo**
5. Clap your **manos**
6. Listen with your **orejas**
7. Talk with your **boca**
8. See with your **ojos**
9. Smell with your **nariz**

© Carson-Dellosa CD-4300   84   Spanish–Elementary

p. 84

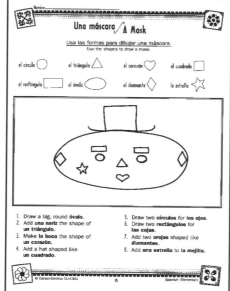

Una máscara / A Mask

Usa las formas para dibujar una máscara.
Use the shapes to draw a mask.

el círculo ○   el triángulo △   el corazón ♡   el cuadrado ▢

el rectángulo ▭   el óvalo ⬭   el diamante ◇   la estrella ☆

1. Draw a big, round **óvalo**.
2. Add **una nariz** the shape of **un triángulo**.
3. Make **la boca** the shape of **un corazón**.
4. Add a hat shaped like **un cuadrado**.
5. Draw two **círculos** for **los ojos**.
6. Draw two **rectángulos** for **las cejas**.
7. Add two **orejas** shaped like **diamantes**.
8. Add **una estrella** to **la mejilla**.

© Carson-Dellosa CD-4300   85   Spanish–Elementary

p. 85

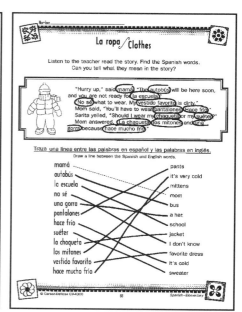

La ropa / Clothes

Listen to the teacher read the story. Find the Spanish words.
Can you tell what they mean in the story?

"Hurry up," said mamá. "The autobús will be here soon, and you are not ready for la escuela."
"No sé what to wear. My vestido favorito is dirty."
Mom said, "You'll have to wear pantalones. Hace frío."
Sarita yelled, "Should I wear my chaqueta or my suéter?"
Mom answered, "La chaqueta, los mitones and una gorra because hace mucho frío."

Traza una línea entre las palabras en español y las palabras en inglés.
Draw a line between the Spanish and English words.

mamá — mom
autobús
la escuela
no sé
una gorra
pantalones
hace frío
suéter
la chaqueta
los mitones
vestido favorito
hace mucho frío

pants
it's very cold
mittens
bus
a hat
school
jacket
I don't know
favorite dress
It's cold
sweater

© Carson-Dellosa CD-4300   88   Spanish–Elementary

p. 88

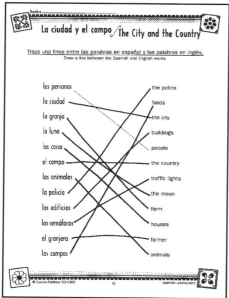

La ciudad y el campo / The City and the Country

Traza una línea entre las palabras en español y las palabras en inglés.
Draw a line between the Spanish and English words.

las personas
la ciudad
la granja
la luna
las casas
el campo
los animales
la policía
los edificios
los semáforos
el granjero
los campos

the police
fields
the city
buildings
people
the country
traffic lights
the moon
farm
houses
farmer
animals

© Carson-Dellosa CD-4300   93   Spanish–Elementary

p. 93

La ciudad y el campo / The City and the Country

Escribe cada palabra en la caja correcta.
Write each word in the correct box.

los edificios	los establos	los campos
las granjas	los tractores	el tráfico
los animales	los semáforos	los granjeros
las tiendas	los autobuses	los cines (movie theaters)

La ciudad
los edificios
las tiendas
los semáforos
los autobuses
el tráfico
los cines

El campo
las granjas
los animales
los establos
los tractors
los campos
los granjeros

© Carson-Dellosa CD-4300   94   Spanish–Elementary

p. 94

Los animalitos / Little Animals

Escribe las palabras en español.
Write the words in Spanish.

el pollito — **el pollito**
el gatito — **el gatito**
el cordero — **el cordero**

el patito — **el patito**
el perrito — **el perrito**
el cabrito — **el cabrito**

¿Quién es el bebé?
Who is the baby?

la gallina	el pollito	el perro	el perrito
el pato	el patito	el borrego	el cordero
el gato	el gatito	la cabra	el cabrito

© Carson-Dellosa CD-4300   96   Spanish–Elementary

p. 96

Answer Key

p. 100

p. 101

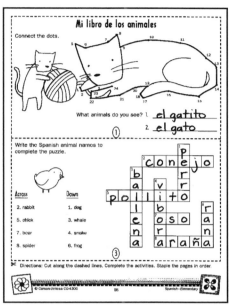

p. 103

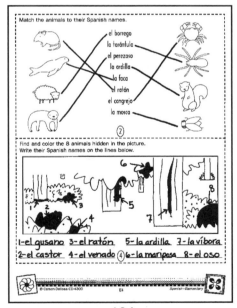

p. 104

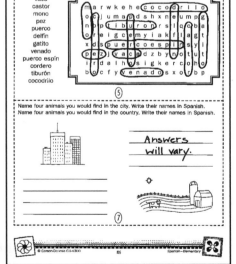

p. 105

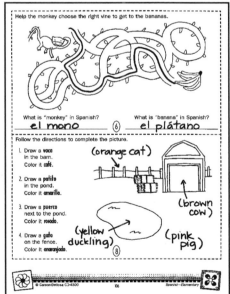

p. 106

p. 107

p. 109

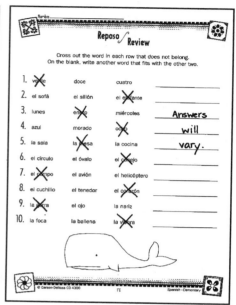

p. 110

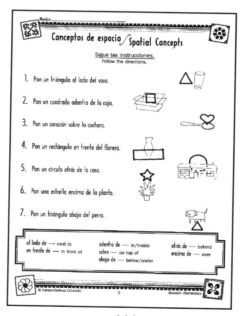

p. 111